Florestal le Moine

Hybride

AF523325

Florestal le Moine

Hybride

Éditions Muse

Imprint
Any brand names and product names mentioned in this book are subject to trademark, brand or patent protection and are trademarks or registered trademarks of their respective holders. The use of brand names, product names, common names, trade names, product descriptions etc. even without a particular marking in this work is in no way to be construed to mean that such names may be regarded as unrestricted in respect of trademark and brand protection legislation and could thus be used by anyone.

Cover image: www.ingimage.com

Publisher:
Éditions Muse
is a trademark of
Dodo Books Indian Ocean Ltd., member of the OmniScriptum S.R.L Publishing group
str. A.Russo 15, of. 61, Chisinau-2068, Republic of Moldova Europe
Printed at: see last page
ISBN: 978-620-3-86641-4

Copyright © Florestal le Moine
Copyright © 2021 Dodo Books Indian Ocean Ltd., member of the OmniScriptum S.R.L Publishing group

On ne peut être femme sans avoir une portion
d'homme en soi ; ni homme, sans être partiellement femme.

Quiconque, homme, sans un soupçon
de femme en lui est une bête.

À toutes ces femmes que j'ai blessées

Et qui ne savent encore comment ne plus m'aimer

Tous ces cœurs que j'ai mis en lambeaux

Qui ne se recousent que pour m'aimer de nouveau

L'inspiration n'a pas de sexe

Note aux lecteurs (trices)

« Les hommes viennent de mars et les femmes, de vénus. . »

Ce bout de phrase, laquelle est une représentation combien juste et imagée de ce que c'est une relation amoureuse (y inclus sexuelle) entre un homme et une femme, a fait couler beaucoup d'encre au siècle dernier. Ce qui, au cours du siècle actuel, n'est pas prêt de changer puisque, jusque-là, les réponses apportées par cette profusion de littérature autour de la question ne sont presque en rien satisfaisantes. Du moins, pas autant qu'on le pense. En fait, la situation, au lieu de s'améliorer, se dégrade au cours du temps. Il nous faut vite une solution ou même un semblant de quelque chose dans le genre. Cette maladie tue le monde, sournoisement, son bonheur étant dépendu. On doit trouver donc ne serait-ce qu'un placebo…

Voici donc, par ce recueil, la réponse apportée par la poésie. Disons de préférence que ce qui est ici proposé est le chemin qu'il faut prendre. Voilà pourquoi devons-nous dire de cet ouvrage qu'il nous guide sur un chemin d'expérimentation, de sensibilité et d'altruisme… Ce livre propose comment peut-être s'y rendre mais pas le paradis lui-même. L'expérience précitée consiste à trouver chacun l'**Hybride,** qui est, selon l'auteur, la solution.

Pourquoi ?

Rien de plus clair que si on parle de divergence entre ce qu'offrent et ce que demandent les hommes et femmes aujourd'hui que quelque part doit exister une incompréhension, une incompréhension de soi et de l'autre. Parmi tout ce qu'il conviendrait alors pour compenser cette fossé, quoi de mieux que de trouver un pont ? C'est plus que certain qu'entre ces deux individus, l'homme et la femme, quelque chose ne se joigne pas. Devient nécessaire alors, pour apporter franche solution à ce problème, l'existence d'un troisième individu, le pont, celui qui ferait la jonction entre les premiers. Un quelqu'un qui n'est ni complètement homme ni complétement femme, mais en étant partiellement les deux. Un **Hybride.**

Comment ?

On ne peut être femme sans avoir une portion d'homme en soi ; ni homme, sans être partiellement femme. Quiconque, homme, sans un soupçon de femme en lui est une bête. Vice-versa. Cette hypothèse que l'on soit soi-même une portion de l'autre, ou que tout simplement l'autre est une partie de soi qu'il faut cultiver, nous invite à l'aventure. C'est-à-dire, étant homme, la quête de l'hybride pour soi consiste en l'exploitation de la portion de femme en nous et la laisser plus de liberté d'expression. Et la femme doit faire autant. Nos sentiments, nos envies, l'inspiration… n'ont ni de sexe ni de genre. Ce n'est qu'en atteignant notre égo qu'ils sont devenus masculins ou féminins. Ce n'est que par la culture de la femme en nous que, hommes, nous pourrions prendre conscience de la réalité féminine et la comprendre. Et c'est chose pareille pour les femmes. Cependant, toute quête implique la notion de progression, et par le même moment celle de la patience. Il nous faut par conséquent un point de départ. Commençons donc par ce recueil de poèmes écrits tantôt au féminin, tantôt au masculin. L'auteur se dit n'a ni de genre ni de sexe. Ce procédé n'a rien à voir avec l'homosexualité, mais tout avec l'altruisme et l'humanité.

Table des matières

Gentlementeur

Il m'avait dit
Qu'ajoutées de mes yeux
Les nuits du monde
Ont bien trop de lunes
Pour les éclairer.

Sans jamais me dire
Que je suis belle,
Il me disait être la beauté elle-même :
Erzulie de son vaudou,
Vénus de son Olympe.

Il me disait être née
Une éternité
Avant la création,
Avant même que la lumière
Fût sortie des ténèbres.

Il disait de ma bouche
Qu'elle est cette source où,
Pour se renouveler,
A chaque aube,
Vient se désaltérer la vie.

Il me disait que
Je dois toujours sourire
Pour le convaincre
De rester vivre ici-bas.

Il me disait que mes alter ego,
Toutes les fleurs de la terre,
N'arrivent à m'imiter
Qu'exécrablement.

Il me disait tellement de choses,
De l'amour tant de définitions,
Qu'il me vendait de sa bouche
L'encyclopédie tout entière.

Et moi, j'étais idiote.

L'haleine de Marlène

Ton haleine, ô Marlène
C'est la citronnelle
Qui apprend à être folle

C'est l'odeur du café
Du gobelet fumant
De ma grand-mère

Ton haleine, ô Marlène
C'est l'odeur de la terre
Sous les premières caresses de la pluie

C'est la menthe accidentée
Dans une tasse de thé

Ton haleine, ma Marlène
C'est le ver de terre dans l'hameçon
Quand elle veut que je sois poisson

C'est le parfum frais de ma laine
Sèche après lessive

Ton haleine, ô Marlène
C'est l'encens des feuilles mortes
Dans le lit de la ravine

Ton haleine, ma Marlène

C'est la femme dans la vie

Et la vie dans la femme

Ton haleine, Marlène

C'est toi dans mes poumons

À la lune

Allez-vous-en, astre rebelle !
La terre n'a plus rien à craindre.
Allez-vous en avec votre prunelle,
Nous n'aurons rien à plaindre.

Tout comme votre absence,
Votre inutile présence,
À nous n'apporte rien.
Allez-vous-en, nous les terriens,
Puisque nos femmes rient,
Avons des nuits plus fleuries
Que l'urne de votre fortune.

Allez-vous-en, astre rebelle !
Nos femmes sont des lunes
À ne plus avoir de pareilles.

Quitte-moi

Mon chéri, je sais bien
Que comme les autres combien
Amoureux de moi tu te crois
Je sais bien, comme à chaque fois
Qu'imbéciles sont les hommes
Et quoique ton nom, quoique ton arome
Qu'imbécile tu l'es toi

Écoute donc ma prière
Avant qu'à cause de toi
Mon cœur ne porte la bruyère
Quitte-moi… je t'en prie, quitte-moi

Avant que ne plus t'aimer me soit impossible
Avant que ma folie ne soit irréversible
Quitte-moi… je t'en prie, quitte-moi

Avant que ton nom ne me serve de patois
Avant que je ne respire que par toi
Quitte-moi, mon amour… quitte-moi

Avant que je ne sois plus moi
Et que je ne devienne complètement toi
Avant que tu ne me sois cœur
Que je sois chanson et toi, le chœur
Quitte-moi, je te dis, quitte-moi

Pour nous, réalité bien fâcheuse

Il n'y aura pas de fin heureuse

Avant que de notre amour je sois amoureuse

Quitte-moi, mon beau doux, quitte-moi

Quitte-moi mais n'en sois pas pressé

Quitte-moi, mon chéri, quitte-moi

Mais entends que soit passée cette éternité

Stylistiquement

J'ai relevé des dictionnaires
Tous les calembours de tes fesses
De tous les poèmes d'Hugo j'ai recopié
Tout le champ lexical de ta beauté

Le premier ou le second
Peu importe le quartier
J'ai passé ma vie à collecter
Tous les morceaux de lunes
Porteurs d'une analogie de tes hanches

J'ai acheté de tous les miroirs
Qui ont vu la lumière de ton visage
Les rêves et les synonymes
Qu'ils en ont gardés

Et des nouveau-nés j'ai volé
Tous les palindromes de ton sourire

Oui, c'est moi… c'est moi l'homme
Qui est fait rien que pour t'aimer
Et pour aimer tout ce qui te ressemble

Depuis tes photos jusqu'à ton ombre
Qui copie l'huile de ta démarche

Tous les mots qui transportent
Un homonyme de ton prénom

Tous les fours et tous les enfers
Qui ont le même volcan
Que l'ouverture de tes cuisses

Tous les paradis qui offrent en leur sein
La même bienvenue que ta poitrine

Oui, c'est moi l'homme qui t'aime
Dans tout ce qui existe

Mais à trop vouloir de toi
À trop vouloir t'aimer comme il faut
Je crois que je suis tombé amoureux
De toutes les femmes que porte la terre

L'imposteur

Le monde me connait
Beau, grand, fort
Le Spartacus des gladiateurs
Le héros de tous les forts

Je suis dans la gueule du cobra
Le venin qui l'empoisonne
La bave que sème l'escargot
Et qui le fait perdre pieds

Tous ils m'appellent
L'Hitler de la dernière guerre
L'Hercule de l'Olympe d'hier

Toi seule sais qu'il ment
Le monde se fout le doigt
Dans l'œil jusqu'au coude

Toi seule sais que je suis bébé
Dès que sur ma poitrine
Ta main marque son premier pas

Toi seule sais ô amour
Que quand tu me tiens par la corne
Je ne suis plus le taureau
Auquel vont leurs éloges

L'aveu

Monsieur, voilà…
Voilà que je suis assez ivre
Assez folle et enhardie
Assez enfant pour t'avouer
La seule vérité
Que désormais je vous livre

Monsieur, voilà…
Voilà que je te trouve beau
Beau à faire naufrager
De l'Amérique tous les bateaux
Beau à rendre sots
Tous les poètes
Et muets tous les mots

Monsieur, voilà…
Voilà que je te trouve charmant
Charmant à rendre ridicules
Tous les coffrets, tous les diamants

Monsieur, voilà…
Voilà que je te trouve dangereux
Dangereux comme mademoiselle Étincelle
Demandant en danse monsieur Gasoil

Voilà monsieur
Que je te trouve séduisant
Séduisant à faire se quereller
Les dieux femelles du vaudou

Séduisant à rendre adultères
De la ville toutes les vierges,
Les épouses et toutes les mères

Monsieur, voilà…
Voilà que je suis assez mure
Pour t'aimer comme il faut

Voilà que je suis assez morte
Pour t'aimer éternellement

Aime-moi

J'accrocherais ton visage
À l'entrée des cathédrales
Aime-moi que je rende jalouse
La Vierge Marie

Je payerais tes yeux
De tous les diamants de mon coffre
Je mélangerais le rubis
De tes lèvres, l'argent de mes poches
À l'or du soleil et t'en faire un diadème
Aime-moi que je devienne bijoutier

J'apprendrais à la rose
Ce qu'est une fleur
Je graverais ta silhouette
Aux corps nus des arbres
Aime-moi que je sois sculpteur

Je fondrais les pierres
Je brulerais la montagne
Aime-moi que je sois volcan

J'inonderais la terre
Des rivières de ta bouche
Aime-moi que je sois tsunami

Je lui houspillerais les boyaux
Je craquerais les os de la terre
Aime-moi que je sois séisme

Je l'étranglerais de mes mains
Ce vent qui souvent prend
Malignité de t'enlacer
Aime-moi que je sois assassin

Je t'écrirais ces vers incolores
Que le monde trouvera beau
Je te construirais sans fardeau
Des verbes à mille mots
Des « je t'aime » à mille syllabes
Aime-moi que je devienne poète

Je peindrais le ciel
De la couleur de ta peau
Pour guérir la terre de ses maux
Je ferais pleuvoir dessus ta sueur
J'échangerais l'éclair
Contre la clarté de tes yeux
Aime-moi que je sois dieu

Dis-moi

Dis-moi si mes « je t'aime »
Ont le même goût que les anciens
Dis-moi si ma voix
Te porte le même accent
Que le boucher de ton cœur

Parle-moi de mon nom
Dis-moi dans ton esprit
Comment il chevauche

Dis-moi à qui d'autres
Tu penses quand mes bras
Avalent ton corps

Parle-moi de mon cœur
Ce chiffon que je t'ai donné
A-t-il essuyé comme voulu
Le tableau de tes larmes

Parle-moi de ma salive
Dans ta bouche, est-elle ce médicament
Qu'elle était censée être

Dis-moi si t'aimer
Autant que de te faire du bien
Te fait du mal

Si te rendre heureuse

Comme une promesse de l'éternité

Est chose mensongère

Dis-le moi que je vais en mourir

L'adieu

Je vais m'en aller
Mais sans un aurevoir
Sans diriger vers toi
Un dernier regard

Je m'en irai
Sans penser à toi
Sans songer à ton nom
Sans douter qu'il s'agirait
De la dernière fois

De dernières fois
Nous en avons tellement connues
Que j'ai peur cette fois
Peur que de nouveau tout recommence

Je m'en irai ce soir
Je partirai de nuit
Pour ne pas que je voie ton visage
Tard dans la nuit
À l'heure où ton parfum sommeille

Il n'y aura pas de dernier baiser
Ce fameux dernier baiser
Qui faisait qu'à chaque fois tout recommence

Comme il faut que je n'emporte

Rien qui ne soit pour ni de toi

Ce soir, e partirai nue

Tous ces vêtements ont en eux

Les douceurs de ta paume

Je vais m'en aller

Sans ma chevelure, sans ma peau

Lesquelles sont empreintes

Des ivresses de tes caresses

Sans une larme

Sans un regret

Sans aucun de ces complices

De l'amour que je te porte

Je te laisserai tout

Comme il faut que je n'emporte

Rien qui ne soit pour ni de toi

Ce soir, tard dans la nuit

Je partirai sans moi, sans mon cœur

Comme il faut que je n'emporte

Rien qui ne soit pour ni de toi

Ce soir, tard dans la nuit

Je m'en irai avec le seul péché

De ne pas pouvoir ne plus t'aimer

De l'amour au passé

Moi qui t'ai fait comprendre
Que les dieux ne sont pas faits que males
Et toi qui m'as convaincu
Que les sirènes ont de pères

Moi qui ai pris ta voile
Toi qui as connu la première
La longueur de mon ancre

Je te dis qu'on s'est aimé

On s'est aimé le cœur nu
Comme un nouveau-né
Sans une bourse, sans une poche

On s'est aimé les yeux transparents
À laisser voir jusqu'au fond de nos têtes
Nos plus minuscules pensées

Toi qui m'as appris
Comment commencer une vie
Et moi, comment ne plus en avoir envie
On s'est aimé pour tous les jours
On s'est aimée pour toutes les nuits
Que j'aurai à gaspiller
Loin de toi dans un autre lit

Moi qui t'ai persuadée
Que la nuit a plus d'une lune
Et toi qui m'as fait croire avoir
Le même rire que le soleil

On s'est aimé à mille degrés
On s'est aimé comme les fours
On s'est aimé sans vraiment y penser
On s'est aimé comme les fous

L'amour, me disais-tu souvent
N'est pas fait pour être compris
Alors on s'est aimé ni plus ni moins haut
Que se seraient aimés deux idiots

La fin

Les encriers sont à sec
Le monde souffre
D'une anémie d'encre
Tous les musiciens
Les fous et les poètes
Les ont vidés à remplir
Le vocabulaire de ta gloire

Il ne reste plus un mot
Plus un mot pour un autre amour
Un autre amour que le tien
Plus un mot
Même pour demander un pardon
Ou pour crier un « au secours ! »

Tous les papillons ont disparu
L'arc en ciel
Du ciel t'apporte le trône

La fleur, pour t'offrir
La plus basse des prosternations
Retourne à sa nature de poussière

Le soleil fuit l'univers
À la recherche de sa couronne
Fondue et confondue dans ta beauté

Le ciel déplace sa tente
Pour la déposer
Jusqu'au fond de l'infini

Comme tout s'en va, madame
Tout s'en est allé

Tout s'en est allé
La nature désiste
À être ta concurrente

La jalouse

Il avait tout pour lui
Depuis les bras d'Hercule
Jusqu'à l'élégance habile
Qui fait de l'eau une danseuse
Dans le lit du ruisseau

Il transportait sur son portrait
À nul endroit mal fait
Aurore, or et auréole

Tous les lingots de lumière
Les étincelles tombées des mains des étoiles
Et tous les bonheurs désertés
De la cour des anges
Colonisaient le creux d'entre ses bras

Et moi j'étais là
Suspendue en pendule
Entre vouloir et ne pas vouloir
Et le pire ne pas pouvoir

J'étais là plus jalouse
Du collier de corail collé à son cou
Que de ce bouton dans son chemisier
Cloué au milieu de sa poitrine

Plus jalouse encore
De l’invisible décor
Qu’il faisait autour de son charme
Que des regards hagards
Qui en le regardant se tuent la vue

Plus jalouse encore
Et cette fois dix fois plus fort
Du mégot bien tenu entre
Le luxe, la luxure et l’usure
De l’humidité de ses lèvres

Foutaise ! Tout cela n’est que mensonge
Je n’avais point d’orgueil envers
Ni les étoiles ni les lampes qui l’admiraient
Ma peine à peine pardonnable
Était d’être envieuse
De la fille porcelaine pendue à son bras
Que toutes les rues de la ville regardaient
Comme un bracelet tombé de l’Olympe
Quand moi n’avais à lui offrir
Que le sourire éculé
D’une vieillesse octogénaire

Insipide

Ce poème n'est plus fleur
Il est poussière
Grain de sable dans le désert

Il n'a plus de souffle
Ce poème est mort

Texte édenté
Ses mots ne savent plus mordre

Rouage sans engrenage

Ce poème est vagabond
À trop voyager avec le vent
Il en perd son parfum

Ce poème perd ses ailes
Sa sauce sans ail
N'a plus de goût

Il est cet homme
Qui a perdu sa langue
Ce poème est muet

Il ne sait pas lire
Poème analphabète

La tendresse ne serpente plus
Les rivières de ses veines
Il n'a douceur ni beauté
Ni rime ni sonorité

Jeunesse, arômes et épices
Mots, phrases et amour
Vie, vigueur et charme
Élégance, sourire et lumière
Tu lui as tout pris

Jeunesse, arômes et épices
Élégance, sourire et lumière
Ce poème n'a plus rien
Parce qu'il t'a tout donné

La promesse

Partout
Sur les cœurs
Dans les têtes
Dans les entrailles
Dans les fissures
Les entailles
Les diaclases des cascades
Au fond des vers
À l'endroit, à l'envers
Sur les papiers
Sur les paliers
Dans toutes les formes
Qu'adopte l'encre
Sur la prose, sur le ver
Sur la rose, sur le fer-blanc
En vers classiques
Ou en vers blancs
Sur les cadavres
Les pierres tombales
Les prières, le glas
Des funérailles…

Partout
J'encrerai ton nom, Marlène
Partout
Sur le tableau de l'impossible

Sur l'écran de l'invisible
Et sur les âmes des défunts
Je peux tout te donner, Marlène
Les droits d'auteur
Du livre de la vie
L'œil d'Horus, la boîte de Pandore
La canne de Legba
La sacoche d'Azaka
Les bijoux d'Erzulie
Tout cela sera à toi

Le poète est un dieu fou
Fou d'une folie qu'il vénère
Il peut avec la bave de sa plume
Poignarder la mort
Détruire l'Olympe
Foudroyer Zeus
Construire des mondes
Bâtir des égrégores
Inventer des amours inédites
Des fièvres inconnues de l'humanité
Des passions au goût exotique

Ah Marlène, dis-le-moi
Si tu m'aimes, dis-le-moi
Dis-le-moi que je t'éternise
Que je te fasse Sainte de mon église
Dis-le-moi que je te canonise

Un dieu, un fou
Un faiseur de tout
Le poète est tout ça
Mais il est aussi homme
Et comme tous les hommes
Il est menteur

Fais gaffe, Marlène, fais gaffe
Je suis poète, je suis dieu
Je suis faiseur de tout
Il est vrai mais je suis homme
Et comme tous les hommes…
Ah Marlène, fais gaffe

Je viendrai

Si dans mon cœur toutes les rues
Portent encore ton prénom
Et tous ses bars boivent
La bave de ton violon

Si tous les ruisseaux
Savent sans fardeaux
Dans leur murmure caressant
Encore chanter ta présence

Et que l'aurore rêve toujours
D'échanger contre ton sourire
L'or de son auréole

Si tous les carrefours
Les trottoirs fous de la ville
Désirent tant t'embrasser
Et si toutes les jupes mûres
Courent en vent vers ta poitrine
Alors je viendrai…

Je viendrai et saurai où te trouver
S'il est vrai que le soleil
Se couche toujours entre tes bras

Demain, à l'aube
Je passerai par les sentiers
Qui se vantent d'avoir connu tes pas

Par les allées étroites
Qui se remplissent d'orgueil
D'avoir eu vent
Du parfum de tes aisselles

Je viendrai par les nuits silencieuses
Qui ont assisté à ton sommeil

Je viendrai malgré le temps
N'en déplaise aux anges
J'emprunterai le char des démons

Je saurai aller jusqu'à toi, mon chéri
Même quand tous les chemins
Que puisse emprunter mon cœur
Mènent à Rome

L'amnésique

À toutes ces soirées
Éclairées que par le rayon
Du rire des demoiselles

Toutes ces danses
Sur les pistes
Des hanches habiles
Auxquelles j'ai assistées

Toutes ces douceurs
Dans les verres de la nuit
Que ma peau a bues
Des mains frêles

À tous les velours
Sur toutes les peaux nues
Que l'écrin de ma main
A caressés

Tous les vins
Que le profane appelle salive
Desquels ma langue
S'était habituée
À se saouler

Toutes ces salaceries
Ayant arrosé
Ma perversité

Tous ces parfums
Evadés des tombes
Des Pharaons
Détrempant les seins
Dont j'ai pris folie
De renifler

Aux quatre vents de la terre
J'écris pour dire
Qu'une aisselle
Porteuse de la senteur
Des chevaliers de nuits
A fait que je les oublie tous

À tous les démons
De mon passé
Que j'ai pris coutume de ressasser
Désespoirs et regrets
De chaque abandon
Qui croyaient pouvoir faire
De mon cœur leur château

J'écris pour crier

Qu'une poitrine aux effluves de citronnelle

A fait que ma mémoire

Les a tous enterrés

Je suis le même

Ta chevelure chavirée à ton dos
Calque la même cascade
Celle où ma paume de paumé
Aimait tant se baigner

Les mêmes rayons règnent
Aux épines de tes cils
Le vertige d'autrefois
N'a pas quitté ton sourire d'un pas

Comment as-tu pu, ma belle
Comment as-tu pu passer
Les frontières du temps
Sans que les jours à ta beauté
N'ont pu rien enlever

Le vent n'a effleuré
Aucune de tes fleurs
Pas un automne n'a défleuri
A la jeunesse de tes feuilles

Les pluies ont laissé me revenir
La vierge que j'avais laissée aller vers elles

Tes yeux, quand tu pleures
Pleuvent encore l'eau bénite

Et ta bouche douce et ferme
Du vin de l'ancien siècle se renferme

Regarde-toi, ma belle
Tu danses d'une allure plus huileuse
Le même boléro quand tu marches
Et tes pieds vont vers leur destin
Comme des arpenteurs de l'éternité

Et tu gardes toujours
Sur le mont de ta poitrine
Les fruits qu'Éden t'avait offerts

Tu n'as pas changé, ma belle
Tu es toujours
Celle qui peut tout avoir :
Mon cœur, mon âme
Ma bourse et ma dernière chaussure

Je n'ai pas changé, moi non plus
Je suis toujours la marionnette
Que tu sais faire tout faire

Nous n'avons pas changé, ma belle
Tu es toujours la bombe
Mon cœur demeure Hiroshima

Loin de toi, près de moi

Ici je n'ai plus personne
Je n'ai plus de regard
Par lequel revoir le monde
Plus de sourire pour alléger
Les tonnes de ma souffrance

Plus rien à acheter
Plus rien à vendre
Rien à donner, plus rien à prendre

Puisque tu n'es plus là
Puisque de moi tu ne veux pas
Alors je m'en irai

Je m'en irai
Là où mon insignifiance
Sera quelque chose

Je m'en irai là-bas
Parmi les chevaux sauvages
Avec le sceau de mon chagrin

J'apporterai le prisme de ma beauté
Au pays de ses pareilles
À la prairie des fleurs silencieuses
Trop loin des hommes

Pour recevoir d'eux
La pluie de leurs hommages mensongers
Je vivrai avec les arbres
Qui trouveront merveille dans ma simplicité
Avec les abeilles qui encore sauront
Que faire de ma douceur

J'habiterai chez le fauve qui
Sans hésiter échangera ma peau
Contre le soyeux de sa fourrure

Je m'en irai loin de tout
Très loin des lumières
Et des fantaisies mondaines

Loin des bouches trompeuses
Loin de toi, près de moi
Je m'en irai là où je serai femme

Apocalypse

Le temps va mal aujourd'hui
Le seigneur de la mort
Dans sa morgue fête son trépas
Son trépas que font approcher tes pas

Le vent qui vogue et qui vole
De sa grande aile et de sa voile
Fait s'envoler les cœurs-volant
Et la chevelure des arbres

Des nuages éplorés nagent
À s'étendre du ciel jusqu'aux rivages

Les pluies et leurs salives diluviennes
Du trône de l'azur et du fond des enfers
Comme la nuit qui se change en jour
Et le jour qui se change en nuit
S'en vont et reviennent

Le monde n'avait jamais vu
De soleil aussi beau que celui
Qui te tend sa couronne

Le temps va mal, ma belle
Quand tu oublies d'oublier chez toi
La fleur que tu portes au visage
Qu'on appelle bouche au lieu de rose

Le temps va mal et tout tend à leur fin
Quand tout ce qui existe
N'a pour désir qu'un baiser de toi

Dans la femme

Il y a un oiseau dans la femme
Un oiseau chanteur
Qui jase la joie
Un oiseau musicien
Dont le bec est harmonica

Il y a un oiseau dans la femme
Un oiseau musicien qui préfère sa cage
À la liberté des bois

Il y a un oiseau dans la femme

Il y a une abeille dans la femme
Une abeille qui pique
Comme une flèche de Cupidon
Une abeille et une ruche
Dont la bouche est baveuse de miel

Il y a une abeille dans la femme
Qui la fait à la fois
Douce et amère

Il y a une abeille dans la femme

Il y a un violon dans la femme
Un violon violeur des sens
Qui caresse l'âme masculine
Un violon à cinq cordes
Dont la mélodie est sœur du vent

Il y a un violon dans la femme
Le premier que connait l'archet de l'homme

Il y a un violon dans la femme
Un violon… dans la femme

La demande

Tu traines dans les rues
Et dans les bars
La preuve loquace
Un annulaire bavard
Et c'est ta voix que j'ai entendu dire
Que ne peut être repris
Est celui qui est déjà pris

Mais mon dieu, mon beau dieu
Qu'ai-je à faire de ton éternité
Moi qui sans ton cœur
Préfère à elle la mortalité ?

Moi, je ne te parle que d'une nuit
Huit heures de folies
Porteuses des douleurs insomniaques
Et des douceurs de minuit

Je te parle d'un moi en feu
Et d'un toi en flamme
D'un toi colon et d'un moi
Ta république sucrière

Au cœur des pour le meilleur
Loin des pour le pire
Au cœur des pour la nuit

Loin des pour la vie
Et des jusqu'à la mort
Je te parle d'un secret
Gardé par nos bouches
Enterré par les dieux

Je te parle de ce que le connu
Aura connu d'inconnu
D'un lit fatigué et de chairs en sueur
De cœurs et corps nus
Et de hanche bien cornue

Que tu te fasses maitre
Ou que je devienne esclave
Je veux que tu me profites
Que tu m'abuses
Fais de moi ta muse
Et quand tu le souhaites
Fais de moi ta buse

Mon dieu, mon beau dieu
Qu'ai-je à faire de ton amour
Si déjà je t'aime assez
Assez pour t'aimer pour nous deux ?

Ô mon dieu, mon beau dieu

Je n’ai guère besoin que tu m’aimes

Que tu profites de moi

Déjà me va trop bien

L'interrogation

Je me demande : aurai-je assez de peurs
Pour me coudre une bravoure ?

Pour me faire une éternité
Aurai-je assez de jours ?

Aurai-je assez de fleurs
Aurai-je assez de soleil
Pour me construire un printemps ?

Et pour la confection
D'un hiver digne de ce nom
Aurai-je assez de neiges ?

Pour bâtir une vie heureuse
Enfin, aurai-je assez de toi ?

Les éternels

Les dinosaures ne sont plus
C'est la fin de leur monde

À demain sera le tour
Des palais, des cathédrales
Des citadelles et des tours

Des fourmis, des cigales
Des lapins et des vautours

Hier, mon père est mort
C'est la fin de son monde

Il existe autant de fins du monde
Que le monde compte de mondes
Le mien est éternel comme le sont
Les deux dieux de ta poitrine

Second degré

Mon sixième sens
Je le sens bouillir
Que lorsque tes doigts adroits
Dansent à tâtons
Sur le bout de mes mamelons

Mon troisième œil
N'allume la mèche de sa lampe
Que lorsque, à deux seuls
La nuit nous envahit
Et que je cherche aveuglément
Le melon de tes lèvres

Ton troisième pied
J'admets son utilité
Que lorsque tu me le prêtes
Pour qu'ensemble nous grimpons
À l'échelle du septième ciel

Folle nostalgie

Cette photo accolée
À la peau du salon
Comme un tatouage
Fait d'encre et d'éternité

Cette fameuse photo
Que l'un et l'autre savons
Qu'elle porte ton nom
Je te dis que parfois
Elle me sourit

Elle me sourit comme
Tu me le faisais jadis
Avec la même lune
Le même miel

Elle allume avec les mêmes rayons
Le même arc-en-ciel
Que dans l'azur de tes yeux

Cette photo qui porte
À son nombril
Le même puit que dans le tien
Je te dis
Qu'elle s'habille de ta peau
Quand souvent je la caresse

Pour sûr que tu n'en sois pas jalouse
Ma chérie, elle a ta voix
Et chante aussi mielleusement
Que le rossignol de ta gorge

Ah, cette photo ! Cette photo de toi
La seule que tu m'as laissée
Quand le soleil est fatigué
Et que sur le toit s'étende le soir
Je la vois se déshabiller
Avec la même lenteur et
Les feux d'artifice qui sont tiens

Je te jure qu'elle danse
Et travaille dans ses hanches
Le même tourbillon
Que dans la souplesse de ta ceinture

Je te jure qu'elle traine
Dans son sillage
Les mêmes papillons
Que sur les montagnes de tes fesses
Je te le jure

Cette photo connait par cœur mon nom
Les ruelles qui mènent à la chambre
Et l'emplacement du lit

Je te jure qu'elle m'appelle

Avec le même « mon chéri »

Que tu connais sait commander mon âme

Et que moi, je suis devenu fou

Lady Elle

La merveille, à l'autre bord de la rue,
Se matérialise dans la beauté de l'invisible ;
Et accroche à portée de cœur
Ce que la volonté seule
Ne saurait cueillir.

Elle dessine sans faute
Ce que ma tête bête de poète
Ne saurait faire la confection.
Sorcière sans grigri, fée sans baguette,
Elle est une orgueilleuse jongleuse
De charmes et d'envoutements.

Ô ! quelle douce souffrance que de supporter,
Sur mon cœur déjà amoureux
Qu'elle prenait pour trône,
La lourdeur des énormes mornes
Qui lui tenaient lieu de fesses.

Et en avant son buste porté
Montre, entre la négligence de son décolleté,
Les bijoux de sa poitrine
Que les hommes appellent beautés,
Et que les anges appellent dieux.

Ô quelle séduisante querelle !

Elle marche pour avancer

Et son postérieur têtu

Comme une tête de mule

Semble vouloir reculer ;

Et tout ce litige dans son corps même

Fait d'elle seule une majorette.

Elle rit et dévoile, sur deux rangées,

L'Incroyable qui était caché dans sa bouche,

Que le Sculpteur veut marbre

Et que l'Orfèvre appelle perle.

Pour éviter que le reste de la nature

N'en prenne jalousie et m'apostrophe,

Je ne parlerai d'elle qu'en sept strophes.

Ingénue

Hier soir, tu as pleuré
Pleuré jusqu'à corroder ton oreiller
Oreiller garant de ton sommeil
Sommeil que tu n'avais pas

Hier soir, il est parti
Parti pour l'éternité
Eternité que sont les bras d'une autre
Autre qui n'est pas meilleure que toi
Toi qui n'es plus celle que tu as été

Mais ce que tu ne sais pas peut-être
C'est que le temps efface tout :
Les jours, les noms, les amours…

Bulletin météo

Il va pleuvoir ce soir
Les montagnes fument
Déjà leur calumet de nuages
Le ciel s'enveloppe la tête
De son foulard noir

Et la volaille empaille
De sa portée le creux de ses ailes

Il va pleuvoir ce soir
Le pêcheur sera pêché
Et le vainqueur vaincu

Il va pleuvoir ce soir
De l'acide sur ce gros rocher
Rocher qui a tant fait souffrir
Rocher que l'on appelle cœur

On verra moudre
Celui qui a tant moulu
Oui volé sera le voleur
Et violé le violeur

Plus une dent ne restera
À la mâchoire
De celui qui a longtemps mordu

Et au marché des vers
Enchérie sera sa chair

Ô Jéricho ô Jéricho
Combien de pierres
Te reste-t-il encore ?

Ô mer rouge ô mer rouge
Combien de litres tiennent vivantes
Ta subsistance et ma souffrance ?

Mes paupières perdront les eaux
Et l'inondation qui se verra naître
Sera à me noyer l'amour

Ô Douleur ô douleur
Je ne suis pas ton fils
Pourquoi m'aimes-tu autant ?

Neil Armstrong

Avez-vous déjà vu

Pendue au bout de son dernier fil

Cette araignée morte et vaincue

Par ses derniers efforts suspendue

Connaissez-vous cette dépouille

Celle de cette femme

Hier fesses tremblantes

Poitrine époustouflante

Cette paille dans le ventre du vent

Algue dans l'étendue maritime

C'est moi

Je suis cet invalide

Qui court la vie

Que vers voie vide

Ce nom que l'histoire

Passait près d'oublier

Ce grain dans le grenier

Qu'on ne comptait pas

Troisième roue du carrosse

Roue cabossée

Avant même d'être utilisée

Mais…

Je suis ce rien

Devenu Christophe Colomb

Pour avoir découvert ton Amérique

Pour être le premier

À avoir foulé le sol de ta lune

Je suis Neil Armstrong

La nomade

Je suis l'abeille voyageuse
De fleur en fleur je butine
De poitrine en poitrine
Et de lit en lit me fatigue

Je suis nomade et suis le sucre
De ceux qui le jour me lapident
Et qui la nuit me sucent
Ceux-là même qui en chorale
Me parleront de la morale
Dès que sur eux s'étende la lumière

Je suis à tous, je suis à chacun
Aux pins et aux sapins
Je suis nomade, c'est mon métier
C'est mon gagne-pain

Oui je le suis et te le dis en face
Je suis celle avec qui ton mari
Te complète mais jamais ne te remplace

Je suis nomade parce que la douceur
Est ma dernière ressource
Ma dernière carte, parce que voler
Au contraire de faire voler est sacrilège
Alors je me sue à sucer les chair de poule

Et me tue à tuer l'envie des autres

Je suis prostituée, pute ou putain
Je suis tous les noms
Qui à l'oreille ne sentent pas bon

Celle qui tombe au premier croche-pied du lit
La femme au déshabillage facile
Une mère, une sœur, une femme pourtant

Celle qu'on désire dans la chaleur des volcans
Et qu'on aime dans le secret du silence
Sans ménagement, sans artifice
Je suis nomade car n'ai pas de mari fixe

Zodiaque

Sagittaire le sage
S'assagit et se tait
En voyant à sa ceinture
L'anneau de saturne

Elle porte Orion
A l'orient de son front
Et l'horizon est là où
Ses jambes et ses hanches
Semblent se toucher

À l'entendre, capricorne
Perd ses cornes
Et au bal des étoiles
Vénus n'est pas venue

Quand sur ses seins
Ma serre se resserre
Poisson devient passion
Cancer n'est plus cancer
Gémeau ne souffle mot

Et déviergée est la vierge
Quand mon taureau énervé
Est prisonnier de son doux piège

Ô que le ciel est sombre
Comme la lumière est mortelle

Il perd ses poils
Comme le printemps
Perd ses plumes
Depuis que, soleil
Son sourire n'est plus rayons
Mourant de froidure est mon lion

Cœur-volant

Il ne reste plus une feuille
Au printemps et aux champs
Plus un écureuil

La buée s'est fait fumée
Tout n'est que nuage
L'éclair s'est évaporé
Adieu le ciel qui gronde
Adieu les orages

Quand ton sourire se fait couronne
La terre tire honte de ses bijoux

Le monde connu a disparu
Avalé par le ventre de la volatilité

De tout ce qui a engrossé l'existence
Il ne reste que nous deux
Toi qui t'es changée en vent
Et moi qui suis devenu cœur
Nous qui sommes devenus cœur-volant

Parle-moi

Une maison hantée

Par la solitude

Est une tombe

Parle que je ne sois

Plus seul

Parle !

Ta voix en moi voyage

Elle échauffe mon sang

Là où l'hiver livre sa glace

Parle !

Écoulés de tes lèvres

Tes mots sont baumes

Ils caressent ma conscience

Tes mots sont paumes

Ils m'appellent à la gaieté

Avant que ne paraisse paresse

Leur tendresse caresse

Et vogue vers mes veines

Comme dans les allées de la ville

Ne t'arrête pas !

Ton silence

M'est une souffrance

Parle jusqu'à me faire attraper

Ce rossignol caché dans ta voix

Jusqu'à faire de ton souffle

Une tempête pour mes cheveux

Parle !

Puisque je t'aime

Tu n'as plus raison de te taire

Écrire l'amour

Un bout de papier
Peut redonner vie
À une vie déjà morte

Une lettre peut étancher
La soif d'une prière oubliée
Pour avoir été
Trop longtemps récitée

Et seuls les « je t'aime »
Savent recoudre les cœurs

Alors j'écris à foison
Sur toutes les feuilles cueillies
Par les automnes prolifiques

J'écris toutes ces amours
Balles perdues

Je prie qu'elles trouvent
Toit à leur sommeil
Cible à leur destin
Et assez de cœurs à assassiner

I want morebooks!

Buy your books fast and straightforward online - at one of world's fastest growing online book stores! Environmentally sound due to Print-on-Demand technologies.

Buy your books online at
www.morebooks.shop

Achetez vos livres en ligne, vite et bien, sur l'une des librairies en ligne les plus performantes au monde!
En protégeant nos ressources et notre environnement grâce à l'impression à la demande.

La librairie en ligne pour acheter plus vite
www.morebooks.shop

KS OmniScriptum Publishing
Brivibas gatve 197
LV-1039 Riga, Latvia
Telefax: +371 686 204 55

info@omniscriptum.com
www.omniscriptum.com

Printed by Books on Demand GmbH, Norderstedt / Germany